Gewidmet in Liebe, Dankbarkeit und Verbundenheit
Alexandra Dietrichsteiner

Peter Florian Frank

Quellen heiliger Weisheit

Die Botschaften der Heilquellen
in Bad Gastein

Aus tiefer Vergangenheit
JETZT.

Maria gewidmet
Peter Florian Frank

DRACHENVERLAG

Vielenbach 28.7.07

Die Farbauswahl zu den Texten und den Kosmogrammen traf mit sicherem Gespür und tiefem Erkennen Ernst Muthwill. Sie sind ein wesentlicher Beitrag zum Gesamtwerk. Von Herzen Danke.

Mein besonderer Dank gilt Brigitte Schmiescheck für die tatkräftige Unterstützung, Thera Konrad, Jeanette Wüst und Marko Pogačnik für die gemeinsamen geomantischen Untersuchungen, Cornelia und Hannes Klammer für ihre Gastfreundschaft, dem Team von Gaia Gastuna für seinen Einsatz, Mona Müller-Kähler für ihr Können und Gespür bei der grafischen Umsetzung meiner Kosmogramme und Zeichnungen.

Peter Florian Frank – Quellen der Weisheit

Umschlaggestaltung: www.humantouch.de
Layout: Peter Florian Frank
Satz, Lithografie und Herstellung: www.humantouch.de
Druck und Bindung: Finidr, s.r.o., Český Těšín
Printed in Czech Republic

ISBN 3-927369-29-2

INHALT

EINSTIMMUNG

Ich wanderte einen Pfad am Graukogel entlang, dem Berg, der sich so imposant an der Ostseite des Gasteinertals emporhebt. Die Natur und das intensive Gespräch mit meiner Begleiterin ließen mich wach und aufmerksam sein. An einem kleinen, quirligen Bergbach hielten wir inne, und ich lauschte für einen Moment seinem Lied im Gurgeln und Plätschern. Versunken in den Augenblick formulierte sich klar folgender Satz in meinem Inneren: »Schreibe ein Buch über uns.«

Das war die erste Botschaft, die mir das Wasser im Gasteinertal auf so direkte Weise mitteilte. Es sollte noch eine Weile dauern, bis ich herausfand, wie das Buch entstehen wollte und welcher Art der Inhalt sein sollte.

Zuerst möchte ich von der Entstehung dieses Buches erzählen und den Hintergründen, die mich zu dem Thema geführt haben, um ein Bett zu schaffen für den Kern: die Botschaften der Quellen von Bad Gastein.

Das Bild des Bettes passt zur Welt des Wassers. Jedes Wasser sucht sich sein Bett, schafft sich seine Umgebung, damit es lebendig sein kann. Wasser ist Lebendigkeit. Und wie sich jedes Wasser sein entsprechendes Bett schafft, um nicht müde und krank zu werden, bedürfen die Botschaften in diesem Buch einer Umgebung, in der sie ihre Kraft und Lebendigkeit ganz entfalten können. Eingebettet auf diese Weise können sie die Heilungs- und Erkenntnisvorgänge initiieren, die in ihnen angelegt sind.

Bad Gastein

Gehen wir zuerst nach Bad Gastein, diesem kleinen Ort südlich von Salzburg im Herzen der Alpen. Bad Gastein hat noch immer einen Ruf. Es ist bekannt als Bade- und Kurort. Doch seine große Blüte liegt einige Jahre und Jahrzehnte zurück. Auch davon handelt dieses Buch:

Wie kann ein Ort, der zu verschiedenen Zeiten der Geschichte Menschen aus weiten Entfernungen anzog, weil er heilkräftig ist, so vernachlässigt werden, wie das in Bad Gastein der Fall ist?

Welches waren die Ursachen der großen Anziehungskraft, und warum erlosch sie?

Die Antworten sind meines Erachtens im Schicksal der Thermalquellen zu finden. Dies bestimmt die Lebendigkeit Bad Gasteins und in einem bestimmten Maße auch die Lebendigkeit Europas.

Diese Aussage wirft eine weitere Frage auf: Wie kann eine so geringe Wassermasse, wie sie aus den knapp 20 Thermalquellen sprudelt, Einfluss haben auf den Zustand eines ganzen Kontinents?

Wenn heute von Europa die Rede ist, meinen wir einen Verbund einzelner Staaten, einen Kontinent und die Heimat bestimmter Kulturen. Was wir übersehen, ist Europa als ein lebendiges Wesen, als eine beseelte Landschaft. Das ist der Ursprung des Namens »Europa«: Europa ist eine Göttin der griechischen Mythologie, deren Name dem heimatlichen Erdteil verliehen wurde als Ausdruck seiner geistig-seelischen Qualität.

Diese Urbedeutung ist unserem Bewusstsein verlorengegangen. Einem Menschen würden wir nicht absprechen, ein Wesen mit Gefühlen, Leib und Bewusstsein zu sein, aber unsere bewusste Herzensbeziehung zu unserer natürlichen Umwelt unterdrücken wir kollektiv, sonst könnten wir nicht so ausbeuterisch und verletzend mit ihr umgehen.

Doch in jedem menschlichen Herzen schlägt ein Rhythmus, der die Erde unter unseren Füßen und um uns herum als lebendiges Wesen spürt. Innerlich berühren uns die Weisheiten eingeborener Völker, die uns in ihren Überlieferungen und Botschaften von der Lebendigkeit der Erde künden: »Weißt Du, dass die Bäume reden? Ja, sie reden. Sie sprechen miteinander, und

sie sprechen zu Dir, wenn Du zuhörst. Aber die weißen Menschen hören nicht zu. Sie haben es nie der Mühe wert gefunden, uns Indianer anzuhören, und ich fürchte, sie werden auch auf die anderen Stimmen in der Natur nicht hören. Ich selbst habe viel von den Bäumen erfahren: manchmal etwas über das Wetter, manchmal über Tiere, manchmal über den Großen Geist.«
(Tatanga Mani)

Diese Worte sprechen im Rhythmus unserer Herzen. In einer Weise sind sie wie Töne, deren Klang uns dafür öffnet, die leisen und zarten Lieder, die das Herz der Erde singt, wieder zu hören.

Das Zuhören und das Lauschen in die Seele sind weibliche Eigenschaften des Lebens, so wie das Messen und das analytische Denken männliche Eigenschaften sind. Beide Seiten unseres Wesens, die männliche und die weibliche, sollten ausgeglichen und im wechselseitigen Austausch wirken können.

Doch unsere männlich dominierte Kultur tut sich schwer mit allen weiblichen Qualitäten, seien sie im Menschen selbst, in unserer Kultur oder in der Schöpfung. Mehr noch, sie bekämpft alle weiblichen Werte und Lebenszugänge regelrecht. Selbst unsere Religion, deren Stifter das Weibliche tief verehrte und in sich integriert hat, versucht diese männliche Dominanz spirituell zu untermauern.

Diese Haltung hat verheerende Auswirkungen auf den Planeten, denn die Natur, sowohl in uns Menschen selbst als auch in Form der Landschaften, ist Ausdruck der weiblichen Seite der Schöpfung: davon zeugt in unserer Tradition noch die Marienverehrung an den heiligen Orten.

Der Blick auf die ökologische Krise unseres Heimatplaneten zeigt deutlich die sichtbaren Folgen der Unterdrückung. Die tiefen Verletzungen, die wir dadurch der Seele der Landschaft zufügen, bleiben scheinbar verborgen, doch sie zeigt dem wachsamen Betrachter deutlich ihre Narben.

Dieses Buch und im Besonderen die Texte der Quellen wollen ein Beitrag zur Heilung dieser Verletzung sein, und damit kehren wir zurück zum Ausgangsort: Bad Gastein.

Der Herzschlag Europas

Bad Gastein ist ein Herz, das Herz einer Landschaft. So wie jeder Mensch ein Herz in sich trägt, das beständig die Qualität der Liebe und Verbundenheit in ihm pulsieren und kreisen lässt, so haben auch Orte, Landschaften und Kontinente ein Herz. Das Herz Gasteins zeigt sich durch die Betrachtung des Wassers.

Ich war vom Wasser aufgefordert worden, ein Buch von der Besonderheit seiner Erscheinungsformen in Bad Gastein zu schreiben. Wasser ist das prägende Element des Gasteinertals: Neben den bekannten Thermalquellen ist es vor allem der beeindruckende Wasserfall, der durch das Zentrum von Bad Gastein tost, der das Tal als Ort des Wassers auszeichnet.

An diesem Punkt beginnt meine persönliche Geschichte. Das Wasser des Gasteinertals ist nicht mehr das, was es einmal war, und der Ort selbst ist es auch nicht mehr. Den Weg, den engagierte Menschen aus dem Tal eingeschlagen haben, um der Ursache dieses Zustandes auf den Grund zu gehen und ihn zu verbessern, bestand darin, einen Geomanten zu rufen.

Geomantie ist die wahrhaftige Wissenschaft von der Lebendigkeit des Planeten Erde. In jedem Menschen schlummert die Fähigkeit, die vordergründig verborgenen Dimensionen von Lebenskraft, Seele und Geist in der Natur wahrzunehmen. Lediglich unterdrücken und verleugnen wir diese Möglichkeiten permanent und tun nichts dafür, sie zu entwickeln. Ein Geomant befreit nicht nur diese angeborene Fähigkeit zur Kommunikation mit den Tieren und Pflanzen, mit den Bächen und Seen, mit den Bergen und Höhlen vom Ballast des männlichen Denkwahns, sondern bildet sie so weit aus, dass er differenziert die Situationen von Orten und Landschaften erfassen und beschreiben kann.

Dabei zeigt sich, dass der Leib der Erde nicht willkürlich lebendig und beseelt ist, sondern dass er, wie Menschen, Tiere und Pflanzen, ein komplexes, lebendiges System darstellt. Wir modernen Menschen lernen in den Schulen und Universitäten nur die materielle Wirklichkeit zu sehen und studieren deren Gesetzmäßigkeiten. Das Lebendige in Form des Fließens der Lebenskräfte bleibt unserem engen Wahrnehmungsvermögen genauso verborgen wie die Bewegungen der Seele in Form der Emotionen oder die zeit- und raumlosen Dimensionen der geistigen Wirklichkeiten, deren Erhabenheit unsere Vorfahren veranlasst hat, an bestimmten Orten Heiligtümer zu errichten.

Als Geomant wurde ich ins Gasteinertal eingeladen, und ich war in diesen vier Jahren seit meinem ersten Besuch oft und intensiv an diesem gesegneten Ort. Er wurde mir zur zweiten Heimat.

Schon nach kurzer Zeit war ich tief berührt von seiner Besonderheit. Es war, so formulierte ich es bei einem meiner ersten Besuche, als ob Gott – oder wie immer wir die Schöpferquelle benennen wollen, die im Grunde alles andere als benennbar ist – im Schöpfungsakt gesprochen hätte: »Sollte die Menschheit eines Tages die Geheimnisse der Schöpfung ignorieren oder gänzlich vergessen haben, so gestalte ich einen Ort, an dem die Grundprinzipien offenbar und offensichtlich sind. Dieser Ort ist das Gasteinertal.«

Die Besonderheit, das offenbare Geheimnis Gasteins, in dem sich die Grundgesetze der Schöpfung zeigen und erfahren lassen, sind das Wasser und seine Erscheinungsformen.

Zwei Erscheinungsarten dieses Elements spielen dabei die wesentliche Rolle: die Thermalquellen und der Fluss, die Gasteiner Ache.

Die Gasteiner Ache, die sich durch die Mitte des Tales schlängelt, speist sich aus dem Hochgebirge, den Hohen Tauern. Am Ursprung der Ache, dem

Naßfeld, empfängt das Wasser das Licht des Himmels: wenn es in Form von Regen, Schnee oder Eis die Berge bedeckt, nimmt es die Kräfte auf, welche die Bergspitzen aus der kosmischen Welt, den Sternen und Planeten, empfangen. So findet das Licht des Himmels über die Berge als Vermittler im Wasser seine Wohnstatt.

Dieses kosmische Wasser fließt nicht einfach nur zu Tal, sondern springt im Zentrum von Bad Gastein über einen mehrstufigen, weitläufigen Wasserfall. Das geschlossene Bachkleid öffnet und versprüht sich in Form unzähliger, winziger Tropfen in die Erscheinung eines feinen, wunderschönen Wassernebels. Exakt an diesem Ort, an dem das Himmelswasser seine geschlossene Bachgestalt öffnet, quellen links, rechts und direkt unter dem Wasserfall die heißen Wasser aus dem tiefen Schoß der Erde.

Das heiße Thermalwasser steigt aus den Tiefen durch hohen Druck nach oben und nimmt dabei die Weisheit von Mutter Erde in sich auf in Form der Mineralien aus den Gesteinsschichten, die es passiert, und der Lichtkräfte der geistigen Reiche des Erdinneren, die es durchwandert.

Im Zusammenkommen von Thermalwasser, dem »Erdwasser«, und Achenwasser, dem »Himmelswasser«, entsteht das Bild der Vereinigung von Himmel und Erde, das Bild der heiligen Hochzeit. Die heilige Hochzeit ist ein in allen Kulturen vorkommendes Bild für den Schöpfungsakt, es ist der Moment, in dem sich die Polaritäten von Himmel und Erde, männlich und weiblich, Yin und Yang tief berühren und eins werden. Daraus geht das Leben hervor.

Der Wasserfall und die Quellen zeigen die Kraft dieses Mysteriums der heiligen Hochzeit in vollendeter Form: das kalte, aus den Weiten kommende Wasser stürzt tosend herab und vereinigt sich mit dem warmen, unter Druck stehenden Wasser, das still aus der Erde quillt. Beide Wässer tragen in sich die Lichtkräfte und Weisheiten ihrer Herkunft: Himmel und Erde. Es entsteht ein hochdifferenziertes, klares und wissendes Kraftfeld, das sich mir in Form eines leuchtenden Kristalles zeigt, der an diesem Ort erstrahlt. Das Licht und die Kraft sind in einer gleichbleibenden Bewegung, einem Pulsieren zwischen Einatmen und Ausatmen, so wie unser Herz beständig schlägt und dabei diese Bewegung vollzieht.

Das Herz dieser Landschaft, wie es sich am Quellpark von Bad Gastein zeigt, zieht Kräfte aus der Umgebung an und durchdringt sie mit dem Kraftfeld der Weisheit, die sich aus der Vereinigung der beiden Wässer ergeben, um sie als leuchtende und heilende Kräfte wieder in die Umgebung abzugeben.

Die Ausdehnung dieser Bewegung ist Europa. Bad Gastein ist ein wichtiger Ort für die Funktion des Herzens von Europa, das in seiner ganzen Ausdehnung aber weit über diesen Ort hinausgeht und das in seiner Gesamtheit aus dem genauen Zusammenspiel mehrerer Orte und Landschaften in Mitteleuropa gebildet wird.

Doch das Herz ist krank.

Das kranke Herz

Meine Aufgabe der geomantischen Erforschung bestand darin, die ursprüngliche Identität dieser Lanschaft zu entdecken und, darauf aufbauend, sie in ihren Heilungsvorgängen zu unterstützen und ein Bewusstsein zu schaffen für die Situation und Besonderheit des Ortes.

An diesem Punkt berühren wir einen weiteren Gedanken, der uns im heutigen Verständnis von Natur fremd ist: die Erde zu heilen. Wie kann ein Mensch eine Landschaft heilen oder zumindest sie in ihrem Heilungsvorgang unterstützen?

Gehen wir davon aus, dass die Erde ein lebendiges Wesen ist, dann müssen wir auch anerkennen, dass dieses Wesen erkranken kann, so wie jeder Organismus erkranken kann, sei es ein Tier, eine Pflanze, ein Mensch oder eine Landschaft. Wir sehen die Folgen der Erkrankung des Organismus Erde in der Zunahme der weltweiten Katastrophen und an den Klimaveränderungen. Doch Krankheiten sind nichts an sich Schlechtes oder Böses, sie sind Zeichen der Veränderung, und sie sind Chance der Entwicklung.

Der Organismus »Gasteinertal« nährt sich aus der Vereinigung der beiden beschriebenen Wässer, sie bilden das Herzzentrum der Landschaft. Das Licht, die Liebe und die Kraft, die dort geboren werden, versorgen die unzähligen Zellen des Landschaftskörpers mit Leben: Bäume und Sträucher, Steine und Häuser, Menschen und Tiere, Pflanzen und Naturwesen, Engel und Berge.

Die tiefen Eingriffe in das Herz, die der Mensch in den letzten hundert Jahren vorgenommen hat, schwächen seine Funktion beträchtlich:

Der Wasserfall in Bad Gastein bestand aus zwei Bachläufen, die durch ein Felsmassiv getrennt waren, wie unser Herz ein Organ mit zwei Kammern ist; doch eine Seite wurde stillgelegt. Der Lauf wurde einfach zubetoniert, und in das gewonnene Land wurden Häuser und Hotels gebaut, das Wasser wurde zur Stromgewinnung verrohrt. Welcher Mensch könnte mit nur einer Herzhälfte leben?

Die Quellen wurden größtenteils gefasst, überbaut und verrohrt. Früher ergoss sich das wertvolle Wasser frei in die Ache. Das Szenario muss seelisch beeindruckend und erhebend gewesen sein: wie der gewaltige Wasserfalls brausend herabstürzt, an verschiedenen Stellen Dampf emporsteigt durch das Einfließen des heißen Thermalwassers, und das alles eingehüllt in einen Schleier aus kleinsten Wassertropfen. Heute verschwindet das Thermalwasser unsichtbar für den Besucher entweder in Rohrleitungen, die es in Heilbäder und Wellnesseinrichtungen führen, oder es findet unbeachtet Wege entlang der Ruinen, die dort stehen, in die Ache.

So kam der Herzschlag zum Erliegen.

Das Herz benötigt aber die Vereinigung dieser beiden Wässer, um zu schlagen und um die Kräfte herzvorzubringen, die für uns Menschen und die Landschaften Europas lebenswichtig sind.

Möge der kleine Rest des Thermalwassers, das seinen Weg noch in die Ache findet, einen Rest von Leben aufrechterhalten, so lange, bis wir Menschen zur Vernunft kommen und das Wasser wieder verehren und dementsprechend behandeln.

Der Weg der Heilung

Ich erkannte, dass meine Aufgabe, der Landschaft bestimmte Heilungsimpulse zu geben, auf zweierlei Wegen geschehen musste:

- die Gasteiner Ache bedurfte der Unterstützung in ihrer Funktion als männlicher Pol und als verbindendes Glied des Gasteinertals;
- die Wertschätzung und Ehrung des Thermalwassers sollte im öffentlichen Bewusstsein wieder verankert werden, und die benötigte Hinwendung sollte initiiert werden, damit es seine segnende Kraft wieder entfalten kann.

Der Gasteiner Ache, die im Naßfeld (Sportgastein) ihren Ursprung hat und bei Lend am Ausgang des Tales in die Salzach mündet, widmete ich mich zuerst:

Ich begann damit, mich an verschiedenen Abschnitten des Baches ihm und seinem Wesen meditativ und intuitiv zu nähern. Wenn ich mein Herz an seinem Ufer öffnete und mir erlaubte, die Eindrücke des Baches in Form von Bildern und Gefühlen wahrzunehmen, sah ich, wie das Wasser von einem hellen, goldfarbenen Licht begleitet wird. Die Qualität des Lichtes entspricht den Eindrücken, die das Lesen bestimmter heiliger Texte der Menschheit, wie z.B. der Bibel, des Daodejing, der Upanischaden, des Korans etc. an manchen Stellen auslösen.

Ich empfand es so, als bildete das innere Licht, welches das Waser in sich trägt, Lettern eines solchen Textes. Dadurch wurde mir bewusst, welche besondere Konstellation die Berge im Naßfeld zueinander einnehmen müssen und wie exakt sie als Antennen zu den kosmischen Welten wirken, wenn das Wasser, das ihnen entspringt in einer solch außergewöhnlich heiligen Weise geprägt ist. Die Begeisterung ließ bald nach, als ich bemerkte, dass im weiteren Verlauf – ich begann im oberen Bereich des Tales – die Ache zu erforschen, diese Qualität sich verändert und verliert. Nicht mehr den Eindruck von Heiligkeit vermittelte das Wasser, sondern von Nervosität und innerer Zerrissenheit.

Die Art des Umgangs in Form von Flussbebauung, Kanalisation, Stromgewinnung, Nutzung für Beschneiungsanlagen etc. zerstört das feine Lebensgeflecht im Kraftkörper des Wassers. Es wird matt, leblos und verliert seine Identität.

Außer diesen baulichen Faktoren trägt die Uneinigkeit der einzelnen Gemeinden im Gasteinertal, die sich entlang der Ache wie Kraftknotenpunkte aneinanderreihen, zur Zerrissenheit der Situation des Wassers bei. Anstatt stolz und froh zu sein, in dieser gesegneten Landschaft zu liegen, versucht jede Gemeinde mehr oder weniger nur das eigene Wohl zu fördern, nicht aber sich als Teil der Einheit zu fühlen und entsprechend zu handeln.

Der erste Teil des Projektes bestand darin, dieser Zersplitterung des Wassers und der Gemeinden eine Möglichkeit der Wiederverbindung zu geben. Ich positionierte für diesen Zweck an sensiblen Stellen der Erdoberfläche Steinstelen, die ich in besonderer Weise bearbeitete. Die angewandte Methode entspricht der Akupunktur beim Menschen. Anstatt kleiner Nadeln verwende ich bis zu drei Meter hohe und bis zu vier Tonnen schwere Steine. Ich bestimmte dazu sensible Punkte, sogenannte Akupunkturpunkte, an der Erdoberfläche, die ich mit Hilfe meiner Fähigkeiten, Kraftströme und Kraftpunkte zu spüren, fand. Punktgenau wurden die schweren Steine auf diese Orte gestellt. Das Setzen bewirkt ein Anregen, Stärken, Harmonisieren oder Verbinden der Kräfte entsprechend der jeweiligen Situation. Neben dem Standort hat die Steinbearbeitung in Form des Eingravierens eines Kosmogramms eine wichtige Funktion. Kosmmogramme sind bildliche Zeichen, die individuell für einen Ort und dessen Zustand geschaffen werden. Man kann das Zeichen mit einem Klang vergleichen, der den disharmonischen Klängen verletzter Orte hilft, sich neu auszurichten und sich selbst zu heilen. Entlang der Ache platzierte ich neun solcher Steinskulpturen, wobei die ersten beiden am Eingang des Tales ein Tor bilden und das gleiche Kosmogramm tragen. Das Projekt mit dem Namen »Wasser und Fels« wurde im Herbst 2003 eröffnet.

Das Thermalwasser und seine Quellen

Von Anfang an war mir klar, dass ich neben der Stärkung und Wiederverbindung der Ache, der zentralen Lebenskraftader, die Thermalquellen in einem zweiten Projekt ehren, stärken und unterstützen müsste, damit das Herz seine Wirkung wiedererlangen kann.

Auf welche Weise diese Aufgabe erfüllt werden konnte, war mir bis zu dem Moment der Inspiration am Bergbach nicht klar. Die Aufforderung »schreibe ein Buch über uns« war der erste konkrete Hinweis. Aber was sollte dieses Buch beinhalten? Nach dieser Inspiration verging noch ein halbes Jahr, bevor ich wieder einmal das Gebiet der Heilquellen besuchte und mich niedersetzte, um innerlich zu erspüren, was an dem Ort geschieht.

Als Folge der Steinsetzungen – zwei sind direkt am Wasserfall aufgestellt – konnte ich wahrnehmen, wie das Gefühl der Schwere und Bedrückung, das dieser Ort bei meinen bisherigen Besuchen in mir auslöste, leichter wurde. Mir erschien auch mehr und mehr das Bewusstsein dieses besonderen Ortes im Bilde einer Nymphe, die langsam begann, ihr Lied wieder anzustimmen. Wem die Bilder unserer Märchen und Sagen, welche von dem inneren Leben der Natur in Gestalten von Zwergen, Elfen, Riesen, Drachen etc. künden, befremdlich erscheinen, den lade ich ein, in sich die Atmosphäre wachzurufen, die an einem stillen See, einer Quelle oder einem Wasserfall entsteht. An einem solchen Ort können wir besonders deutlich die Wirkung dieser

Naturwesen und Kräfte erfahren. Der Schritt ist dann nicht mehr weit, zu erkennen, dass die Atmosphäre, die mich anrührt, etwas Wesenhaftes an sich hat. Unsere Vorfahren konnten diese Wesenheiten offensichtlich noch wahrnehmen, wenn wir den Erfahrungsschatz der Märchen, Legenden und Sagen unter diesem Gesichtspunkt betrachten.

Die Wasserfallnymphe zeigte mir bei dieser Begegnung, dass sie begann, wieder Kinder zu gebären, das heißt, die Seele des Ortes war im Begriff, sich wieder zu entfalten und ihren Raum einzunehmen. Ich war ergriffen und berührt von der Schönheit und dem lichterfüllten Klang, der von ihr ausging, und doch auch traurig, da ich ahnen konnte, welches Paradies an diesem Ort einmal gewesen war.

Im Paradies

Heute ist dieser Ort äußerlich wahrlich alles andere als ein Paradies. Doch wer die Augen seiner Seele zu öffnen weiß und gelernt hat, mit dem Herzen zu lauschen, der wird auch noch heute Tore finden, die in das Erleben dessen führen, was Menschen seit Urzeiten dort als heilig und als paradiesisch empfunden haben.

Dass dieses heilige Gefühl wieder in vielen Menschen in Bezug auf diesen Ort entsteht und dass aus diesem Erleben konkrete Schritte zur Wiederherstellung des Paradieses dort erwachsen, dafür will dieses Buch ein Beitrag sein.

Die Erfahrung der paradiesischen Qualität dieses Herzortes begann, als ich mich dort in die Meditation begab und ein helles und durchdringendes Licht in mein Empfinden einzog. Das Licht breitete sich in mir aus und schuf eine dichte Präsenz von Liebe und Kraft. Im Lauf der Zeit wurde dieser Eindruck so real wie die Bäume, das Wasser und die Steine rings um mich herum. Die Schwierigkeit für mich war, meine Gedanken und mein Empfinden so frei werden zu lassen, dass ich das Licht, das sich um mich aufbaute, ganz in mich aufnehme konnte. Manchmal schien es mir zu hell und zu erhebend, als dass ich es fassen könnte. Die Liebe, die mich umgab und begann, mich zu durchdringen, weitete mein Empfinden und schuf einen entspannten und gleichzeitig wachen Raum in mir. Immer wieder trugen mich Gedanken, Erinnerungen und Gefühle kurzzeitig weg oder lenkten mich ab, doch gelang es mir immer besser, ganz in die Atmosphäre einzutauchen.

In einem Moment kam aus dem weiten, offenen Raum der Impuls, meine inneren Wahrnehmungen bezüglich des Lichtes dieses Ortes direkt aufzuschreiben. Dies war die Geburtsstunde der Texte »Quellen heiliger Weisheit«. Die ersten Worte, die ich formulierte, waren: »Ich spreche aus der Ewigkeit …«, denn es war das Gefühl, mit der Ewigkeit verbunden zu sein. Anfangs musste ich mich immer wieder in Geduld und Vertrauen üben, um die Tiefe zu erreichen, in der ich mich sicher und wie ein gebetener Gast durch die Lichtwelt dieser Stätte bewegen konnte. Das Licht zeigte sich mir in Form eines klaren, geschliffenen, leuchtenden Kristalls, der über dem Becken des Wasserfalls vielfarbig erstrahlt.

Nach einer Weile – ich hatte schon einige Texte geschrieben – bemerkte ich, wie meine Seele bei der Einstimmung in den Ort und auf seine Kräfte mit diesem Kristall in Kommunikation trat und jedesmal ein anderer Kristallisationspunkt die Aufmerksamkeit meiner Seele besonders auf sich zog. Dann begann sich mein persönliches Licht vollständig auf das Licht dieses einen Punktes einzuschwingen. Mit der Zeit erkannte ich, dass jedes Licht ein geistiger Raum war, den ich betrat und darin inspiriert wurde, zu schreiben.

Ich erfuhr die Texte nicht als vorgefertigte Weisheiten, sondern als komplexe Informationsfelder in Räumen, in denen ich mich frei bewegen konnte. So konnte ich auch entscheiden, welche Aspekte des jeweiligen Lichtraumes ich mehr erfassen wollte, wo ich tiefer gehen wollte, oder was ich nur am Rande streifte und wo ich weiterging. Es war ein kreatives Wechselspiel, in dem die Texte Worte der Entsprechung waren zu den jeweiligen Inhalten und Informationen dieser Lichträume.

Es erfüllte mich jedesmal mit tiefem Glück und Frieden, in diesen Räumen gewandelt zu sein und sogar in Form der Texte Erinnerungen mitzubringen, die es ermöglichen, zu jedem Zeitpunkt dorthin zurückzukehren und die Reise zu vertiefen. Die Texte zusammengenommen spiegeln den Kristall in seiner Gesamtheit wider, wie er an diesem Herzort im Inneren leuchtet und wirkt. Darüberhinaus sind sie Tore zum Betreten dieser Lichträume, und, was von besonderer Bedeutung ist, das Lesen der Texte ist ein wesentlicher Beiträge zur Heilung dieses Herzens der Erde.

Die Neugeburt

Wie kann das Lesen eines Textes einen Beitrag leisten, einen Ort und damit das Herz Europas zu heilen?

Gehen wir an den konkreten Ort in Bad Gastein, finden wir äußerlich ein Bild der Verwahrlosung, gemessen an dem, was dieser Ort an Schönheit, Kraft und Liebe ausstrahlen könnte.

Das Innere, die Seele des Ortes hat sich zurückgezogen. Doch ihre Stimme möchte wieder gehört werden.

Ihre Stimme spricht aus den Texten, und jeder, der sie offenen Herzens liest, ruft die Erinnerung an den Traum dieses Ortes wach. Die Aufmerksamkeit des Lesens ist die Brücke für die Seele, um diesen heiligen Ort zu berühren und wiederzuerwecken. Jede Leserin, jeder Leser stärkt das wahre Wesen dieses Ortes und nährt es mit dem Kostbarsten, was wir Menschen haben: unserer Liebe und Hinwendung. Das Licht des Bewusstseins, das die Texte beleuchtet, strahlt auf den Ort, wärmt ihn und schenkt ihm Kraft.

Die Farben und die Kosmogramme auf der linken Seite unterstüzen diesen Prozess:

- Die Farben entsprechen den Grundschwingungen eines jeden Textes und ermöglichen ein ganzheitliches Eintauchen in den jeweiligen Aspekt des Textes und damit in den bestimmten Punkt des Lichtkristalls.

▪ Die dreizehn Kosmogramme sind die Zeichen, die ich bisher für den Ort gesaltet habe. Acht davon sind in die Steine entlang der Gasteiner Ache gemeißelt, weitere fünf stehen am Eingangspark des Salzburger Kommunalfriedhofs. Diese fünf sind am Ort der Quellen entstanden und bringen fünf archetypische Engelsqualitäten zum Ausdruck, die das Herz Europas behüten. Die Kosmogramme bilden eine wirksame Brücke für das Bewusstsein des Lesers, um sich mit dem Seelenraum von Bad Gastein zu verbinden. Das Kosmogramm ist in diesem Zusammenhang wie eine Fotografie zu verstehen, nur dass es nicht eine Situation, eine Person oder einen Platz darstellt, sondern die Seelenschwingung eines besonderen Ortes. Die Abbildung dieser »Fotografie« schafft die Resonanz zwischen der Seele des Ortes und dem Leser.

Das Lesen der Texte in Verbindung mit den Farben und Kosmogrammen ruft die Qualitäten und Lichtkräfte wach, wie sie im Inneren des Kristalls wirken und leuchten. Darin liegt die Möglichkeit zur Heilung durch das Lesen: indem das ursprüngliche Leuchten des Kristalls im Leser wachgerufen wird, bekommt der Kristall an den Quellen Kraft und erinnert sich seiner wahren Identität.

So entsteht eine Resonanz, durch die die Seelenregungen des Lesers heilend auf den Ort wirken, weil es der urprünglichen Seelenstimmung dieses Ortes entspricht.

Die Distanz im Sinne der Kilometer, die er von dem Quellheiligtum entfernt ist, spielt auf der Ebene unserer Seele und unseres Herzens eine untergeordnete Rolle. Wichtiger ist, dass der Rhythmus Ihres Herzens mit dem Puls jenes Herzens in Übereinstimmung kommt. Beim achtsamen Lesen der einzelnen Texte und Aussagen und bei der Meditation darüber kann eine besondere Wirkung auf die Seelenstimmung beobachtet werden.

Die Texte sind Gedichte in der Form, dass jede Zeile einen hohen Gehalt und eine Dichte an Information in sich trägt. Nehmen Sie sich Zeit zum

Lesen; vielleicht nehmen Sie nur einen Abschnitt heraus und lesen langsam und in einer meditativen Haltung.

Was ich als besonders schön empfunden habe: lassen Sie sich die Texte vorlesen, und tauchen Sie dabei in die Farbe und das Kosmogramm ein, indem Sie diese vorher betrachten und ihre Wirkung beim Vorlesen nachklingen lassen.

Eine Bitte habe ich: Prüfen Sie die Texte und Inhalte. Denn wenn es sich um wahrhaftige Weisheiten handelt, die eine heilende Wirkung in sich tragen, so müssen die Gedanken in unserem Alltag Bestand haben. Mit ihrer Hilfe soll unser alltägliches Leben klarer, ruhiger und lichtvoller werden können. Wecken sie Freude und Achtsamkeit? Und was bewirkt es, wenn Sie die Aussagen konkret umsetzen und anwenden?

Nun wünsche ich Ihnen tiefe Momente und ein offenes Herz beim Lesen der Texte. Danke im Namen vieler Wesen und Kräfte für Ihren Beitrag zur Heilung der Erde.

QUELLEN HEILIGER WEISHEIT

DIE TEXTE

HÜTER

Wer liebt, behütet –
behütet, was lebt,
weil er selbst lebendig ist.
Leben heißt lieben,
weil Leben Liebe ist.
Wer liebt, hütet das Leben.

Werde, was Du bist:
Teil des Lebens,
Liebender,
Hüter.

»Warum das Leben behüten?«
Im Innersten weißt Du es.
Geh dorthin, spüre, wisse.
Du bist die Liebe und
die Liebe nimmt Anteil.
Öffne Dich,
werde still,
lass zu,
was ist.
Es ist die Liebe.
Im Kern.
Eins.

»Wie komme ich dahin?«
Hüte das, was Dir leicht fällt zu hüten.
Wo von alleine die Liebe fließt.
Und lass Dich behüten.
Öffne Dich der Liebe, die Dir zufließt.
Fühl Dich behütet.

Wachse hinein in das Vertrauen,
in den Schutz der Liebe.
Sich wahrlich öffnen heißt,
sich wahrlich schützen.
Keine Verletzung kennt die wahre Liebe.

Still, einfach und bescheiden
ist sie immer da.
Die Kraft, die Leben schenkt,
die Kraft, die Dich erfüllt –
mit Leben.

Deine größte Sehnsucht ist sie
und Deine größte Gefahr,
hörst Du auf die lauten, schillernden Verlockungen,
die sich ausgeben als Weg zur Liebe.
Die Verführung ist groß.
Schneide sie ab!
Wesentliches ist einfach.
Doch seine Kraft erschüttert.

Findet Euch zusammen und
reduziert –
vereinfacht –
liebt.
Einfach.
Jetzt.

Habt Ihr sie gefunden –
Lasst sie wachsen,
lasst sie führen.
Folgt ihr und hütet sie.
Hütet mit ihr die Anderen.

Nur aus ihr wächst wahres Leben.
Tief verbunden sein mit ihr heißt Schöpfer sein.
Herr über Tod und Leben.
Leben, das dem Leben dient;
Tod, der dem Leben dient.

Stecht zu, schneidet ab, wenn es nötig ist.
Seid heftig.
Ist die Liebe mit Euch, trefft Ihr ins Mark des Schmerzes.
Schmerz der heilt.
Spürt die größte Freude, die Euch zuteil wird,
wenn die Liebe den Schmerz trifft.
Keine leichte Aufgabe, dann in der Liebe zu bleiben.

Wachst.
Nichts ist vollendet –
überall ist Möglichkeit zu wachsen.
Gebt nicht auf.
Wir sind mit Euch, wenn Ihr es zulasst.
Die Liebe zu finden,
Eure wichtigste Aufgabe.

»Was ist die Liebe?«
Alles –
Nichts kann ohne die Liebe sein.
Im Grunde ist alles die Liebe.
Sie ist der Grund.

Hütet sie zuerst
wie Euren wertvollsten Schatz.
Wisst, nichts ist wertvoller, als dass ihr die Liebe entfaltet.
Schenkt Euch Momente der Liebe.
Sie führen Euch tiefer zu Euch.
Sie führen Euch tiefer zu Anderen.
Beginnt einfach,
bleibt einfach,
so werdet Ihr einfach –
Liebe.

Mit der Liebe könnt Ihr alles berühren,
alles verstehen,
alles erschaffen.

Findet sie.
Lasst Euch finden.
Sucht, um gefunden zu werden,
und gebt die Suche auf,
um Euch finden zu lassen.
In Liebe.
Wir.

FÜLLE

Es gibt sie, die Fülle.
Findet sie, weil sie da ist.
Wiederum kein Weg.
Jetzt!
Schau hin – sei Fülle!

Eine Welt sind alle Welten.
Transzendiere Trennung ewiglich.
Wir sind Eins.

»Was bedeutet ›Eins‹?«
Eins bedeutet Eins.
Lass keine Bedeutung zu!
Bedeutung ist Zwei.

Welten-Einheit ist der Grund und das Ziel.
Die Vereinigung ist Lust,
weil Leben Lust ist.
Leben ist Vereinigung.

Des Menschen Ziel ist zu einen.
Verfolge die Vielschichtigkeit,
atme sie ein, bündle sie,
kehre sie um in die Einheit.
Und du schaffst, was du bist: Mensch.
Spüre die Liebe zu allen Dingen,
nimm sie auf, eine sie,
und Dir ist das Lob der Welt gewiss.

Ohne Euch sind wir machtlos – nicht leblos.
Doch wünschen wir nichts sehnlicher,
als Euch zu küssen – zu spüren
den sanften Hauch des Lebens
fließend zwischen uns.

Seid mit uns, wir sind Eins.
Liebet uns, wir lieben Euch.
Liebe ist.

GEHEIMNIS

Geheimnis –
wer wir sind.
Wir sind die Quellen heiliger Weisheit.
Ein Lied, komponiert aus den Klängen der Schöpfung.
Wir erklingen, ohne hörbar zu werden – wir verstummen nie.
Sucht uns, und Ihr werdet uns nicht finden.

Wo sind wir? Wer sind wir?
Schon habt Ihr uns verfehlt.
Reine Freude des Seins.
Einheit im Augenblick.
Aufleuchten ohne Anfang und Ende,
Sein in der Ewigkeit –
hüten wir das Geheimnis.

Neugierig? Gut. Dann komm!
Schon bist Du da.
Schau Dich um!
Genau hier sind wir!
Siehst Du uns?
Sieh, alles was Du weißt führt Dich weg von uns.
Doch nichts kennst Du besser als uns.
Wir sind Eins.
Wir sind der Ursprung.

Wir, oder Ich, oder Es oder Du …
Worte!
Worte werden uns nicht finden.
Du auch nicht, wenn Du suchst.
Wir spielen nicht Verstecken,
Wir sind offenbar.
Das offenbare Geheimnis.

Wir sind die Quellen heiliger Weisheit.
Wir sind der Dreck in der Kanalisation,
Wir sind die furchtbare Katastrophe,
die Tausende hinwegrafft.
Wir sind das Mauerblümchen am Weg.

Im Wesen sind wir immer Eins.
An diesen Quellen erscheinen wir als Viele.
Schaut hin, und Ihr seht weshalb:
Freude.

Freude zu leben heißt: vielgestaltig zu sein,
sich zu öffnen im Gewande vieler Dinge,
so weit zu gehen, bis zum Rande des Vergessens;
vergessen, wer wir wahrlich sind.

Wie Kinder leichtsinnig sich immer tiefer in den Wald begeben,
spielend, zeitvergessen,
fast den Heimweg aus der Sicht verlieren;
tanzen, spielen, jauchzen wir bis zum Rande unseres Selbst,
wo das Gefühl der Einheit fast ganz erlischt.

Tänzer, Spieler –
tanzt! und spielt!
und kehrt wieder heim.

Es ist Zeit,
heimzukehren.
Bevor das Lachen erstickt und das Spiel verödet,
wendet Euren Blick nach innen –
spielend, lachend findet Ihr den Weg –
zurück, woher Ihr kamt.

Wir erwarten und empfangen Euch.
Heimkehrer,
seid willkommen im Schoße Eurer selbst.
Bis bald
In Liebe.
Wir.

DER FLUG DER SEELE

Der Flug der Seele ist
kein Gehen von hier nach dort.
Es ist ein Innewerden dessen, was ist!
Keine Ursache zu haben,
ohne Grund zu sein,
ist der Ausgangspunkt.

Kleine Schritte sind der Weg,
ohne den keine Welt kann existieren.
Die Welten sind es, durch die Eure Seele wandert.
Erlaubt zu gehen – löst Eure Fesseln.
Es warten unzählige Reiche auf jede einzelne Seele.

Freude weist Euch den Weg.
Gewährt der Freude Einlass
in das Haus Eures Selbst.
Öffnet die Tore weit.
Lasst herein das Licht der Welt.
Badet im Licht.
Erkennt es, und werdet frei.
Frei von Euch selbst.

Die Seele geht in keine Welten,
sie ist diese Welten.
Das Verlagern des Lichtes Eurer Aufmerksamkeit
ist das Schiff, das Euch an die scheinbar anderen Ufer bringt,
die aber ewiglich Ihr selber seid!

»Warum so reisen?«
Warum leben?
Freude, Liebe, Offenheit,
sie sind es,
die Euch das Gefühl vermitteln, ganz zu leben.
Und so ist es!

Was Ihr Leben nennt:
Betrachtet es,
finden die Freude, die Liebe, die Offenheit darin Platz?
Wieviel?
Kann es tausendmal mehr sein?
JA!
Nicht nur mehr, auch tiefer.

DEMUT

Die Größe des Nichts.
Unbesiegbar das Kleinste –
kleiner als klein,
weil ohne Makel im Sein.
Sieh, das Leben ist wundervoll.
Kein Quentchen Glück fehlt.

Lass es zu.
Es strömt –
auch ohne Dein Zutun.
Unbesiegbar, der nicht handelt,
völlig eins im Weltenganzen
scheint er alles zu vollbringen,
ohne selbst etwas zu sein.

»Wer bin ich, wenn ich nicht bin?«
Alles – sieh das Wunder.
Wer nichts ist, ist alles.
Gib alles auf und Du gewinnst –
das Leben.
Ganz.
Jetzt.

Was Du »Ich« nennst, ist Dein größter Schatz.
Hüte ihn und pflege ihn so gut Du kannst.
Tauche vollkommen ein in Dein Bewusstsein Deiner selbst.
Es ist der Brunnen, der in Dir Leben gebiert.
Aus ihm steigt alles empor, was Du bist;
ewiglich.

In ihm ist der Keim der Schöpfung.
Ich.
Wir.
Nenn es wie Du willst.
Benenne es und folge ihm.
Tauche ein, bis Du ganz versunken –
zu erkennen und erfahren:
Ich bin Alles.

Dein Ich ist Deine Sehnsucht und Dein Ziel.
Du kannst es verleugnen
und einem anderen Ziel folgen,
doch letztlich kehrst Du zu mir zurück.
Entscheide Dich, wem Du folgst.
Dir im Innersten?
Das bin ich.
Dein Ich.
Ich.
Kern des lebendigen Lebens.
Keim des wachsenden Leibes
einer neuen Kultur.

Schäle heraus, was ist im Innersten.
Verweile dort.
Es leuchtet – Ich.
Es wächst – Ich.
Es schafft – Ich.

Demut heißt, den Sprung zu wagen.
Den Sprung in den Abgrund, der führt zum Grund.
Der Sprung, der Dich führt jenseits
der gewohnten Sicherheiten Deines Intellekts:
der alles daran setzt,
das Paradox, das ich bin,
als Gefahr zu identifizieren –
um den Sprung zu verhindern.

Demut ist eine große Kraft.
Sie hilft Dir, zu springen und sicher zu fallen.
Fallen in Dein wahres Selbst.

Vor allen Dingen neigt sich die Demut.
Wissend um die wahre Größe jeder Erscheinung.
Sie ist das Tor, das Dich sicher führt
in die Welten der Seele.
Verneige Dich tief – ohne Erniedrigung.
Demut auch vor Dir selbst –
Der Du bist in Deiner Größe.

Wahre Demut ist Zeichen der Größe;
und der Anerkennung der Größe.
Demut zu kennen, heißt klein zu werden,
wegzulassen, was Du meinst, dass zu Dir gehört,
so klein, bis Du im Punkt angelangt bist.
Der Punkt, der Alles ist:
Ich bin.

GLEICHMUT

Versinke.
Sei Eins.
Kehre immer wieder.

Auch wenn Du es tausendmal liest,
versteh es einmal und für immer:
Liebe, Achtung, Glaube, Hoffnung und Glück
sind keine Gesetze, die Dir von einem Gott,
einem Priester oder von sonst jemandem
gegeben werden.
Sie sind das Leben selbst.
Verleugne sie, und Du verleugnest das Leben.

BEZIEHUNG

Irrtum. Was ist Irrtum?
Wir blicken auf ein Ding und meinen,
das Ding zu erkennnen.
In Wahrheit erkennen wir lediglich, was es ist,
aufgrund seiner Beziehungen zu allen anderen Dingen,
die im Universum existieren.
Leben ist Beziehung.

Individualität ist das Ergebnis
aller Beziehungen zu einem Subjekt.
Das macht es einzigartig:
Seine Beziehungen zu allem Sein in diesem Moment.

Die Mitte ist leer,
ist reine Potentialität.
Als erfüllt erscheint die Mitte aufgrund der Kräfte,
die von allem anderen aus auf sie einwirken.
Ein Paradox:
Wenn alles, was ist, eine solche leere Mitte ist,
die nur als etwas erscheint,
da alle anderen, ebenfalls leeren Mitten auf sie wirken.
Das Grundparadox der Einheit.
Ohne dieses könnte es keine Einheit geben –
wären alle Dinge aus sich heraus existent.

So auch dieser Ort.
Auf ihn zu blicken, vermittelt den Eindruck,
er sei, was er ist.
Wer tiefer zu blicken vermag, versteht:
Er ist, was er ist, aufgrund seines Zusammenspiels
mit allem Lebendigen.

Die Konstellation dieses Zusammenspieles ist einmalig –
wie sie in allem was ist, einmalig ist.
Hier ist es in einer Weise, die Ihr heilig nennt:
Sie ist geboren aus dem genauen Zusammenspiel
der großen Schöpfungskräfte.
Wie ein Augapfel hüteten sie seit Beginn der Zeiten diesen Ort
und entwickelten ihn in heiligen Beziehungen.

Der Mensch war Teil davon, nur deshalb ist es ihm möglich,
heute so tief in diesen Ort einzugreifen.
Er kennt die Geheimnisse.
Ohne Groll ziehen sich die erhabenen Geister zurück –
wissend, dass Groll echte Verletzung
im feinen Beziehungsgeflecht bewirken würde.
Aus der Distanz;
aus der Distanz der Zeiten hüten sie weiter
den Traum dieses Ortes,
wissend und vertrauend auf das Wiedererwachen der Weisheit
auf der Erde in den Seelen der Menschen.

Die Menschen der Vorzeit,
als es noch keine Zeit im modernen Sinne gab,
wirkten mit am Entstehen dieses heiligen Ortes.
Sie werden sich daran erinnern und ihre Aufgabe fortführen.
Nicht für diesen Ort, sondern für das Geflecht des Lebens.

Der Kristall dieses Ortes ist nicht Zweck für sich selbst,
er ist wie ein universeller Lehrplan
an dem sich unzählige Wesen schulen können,
auf ihrem Weg zum heilen Leben.

Das Zusammenspiel der Kräfte in diesem Kristall
zu studieren und im Leben nachzuvollziehen,
verleiht den Seelen Glanz, Reinheit und Wachstum.
Wachstum in der Entfaltung ihrer ureigensten Möglichkeiten.

Leben ist Verbundenheit.
Wählt Eure Verbindungen weise –
sie sind Euer Leben.

In Verbundenheit.

Die Leere.

VERTRAUEN

Es gibt keinen Zweifel, nur Vertrauen.
Vertrauen ist die Kraft,
sie verwirklicht Gedanken,
setzt frei die Zusammenarbeit aller Welten.

In ihr ist die Liebe.
Liebe und Vertrauen sind eins.
Liebst Du die Welt, vertraust Du ihr –
Vertraust Du der Welt, liebst Du sie.

Vertrauen verbindet Dich mit Deinem Ziel.
Herein fließen das Licht und die Klarheit Deiner Absicht.
Sie geben allem was Du tust ein Scheinen, das den Raum erfüllt:
Das Geheimmnis der Verwirklichung.

Jeder Zweifel ist ein Vertrauen:
Vertrauen in das nicht Erreichen des Zieles.
Vertrauen in die Ablenkung und Irritation.
Es ist nicht Schwäche oder Unterbrechung,
es ist die Umleitung gebündelter Kräfte in die Zerstreuung.

Bündle die Kräfte, indem Du vertraust.
Dein Ziel ist Wirklichkeit.
Es leuchtet, sehnt sich nach Erfüllung.
Fasse das Ziel so klar wie möglich.

Spüre, erfahre seine Wirklichkeit – seine Wirkkraft.
Richte Dich ganz danach aus!
Wie Du in Dunkelheit Dich auf ein Licht zubewegst:
Links und rechts ist nichts.

Vertrauen ist der Weg des Lichtes;
Vertrauen in den Weg und das Ziel.
Das Ziel erreicht sich selbst.
Du bist das Ziel.
Sei eins!
Eins mit dem Ziel und eins mit dem Licht.
Es erfüllt Dich, gibt Dir Sinn,
ohne Sinn sein zu wollen.
Es ist.

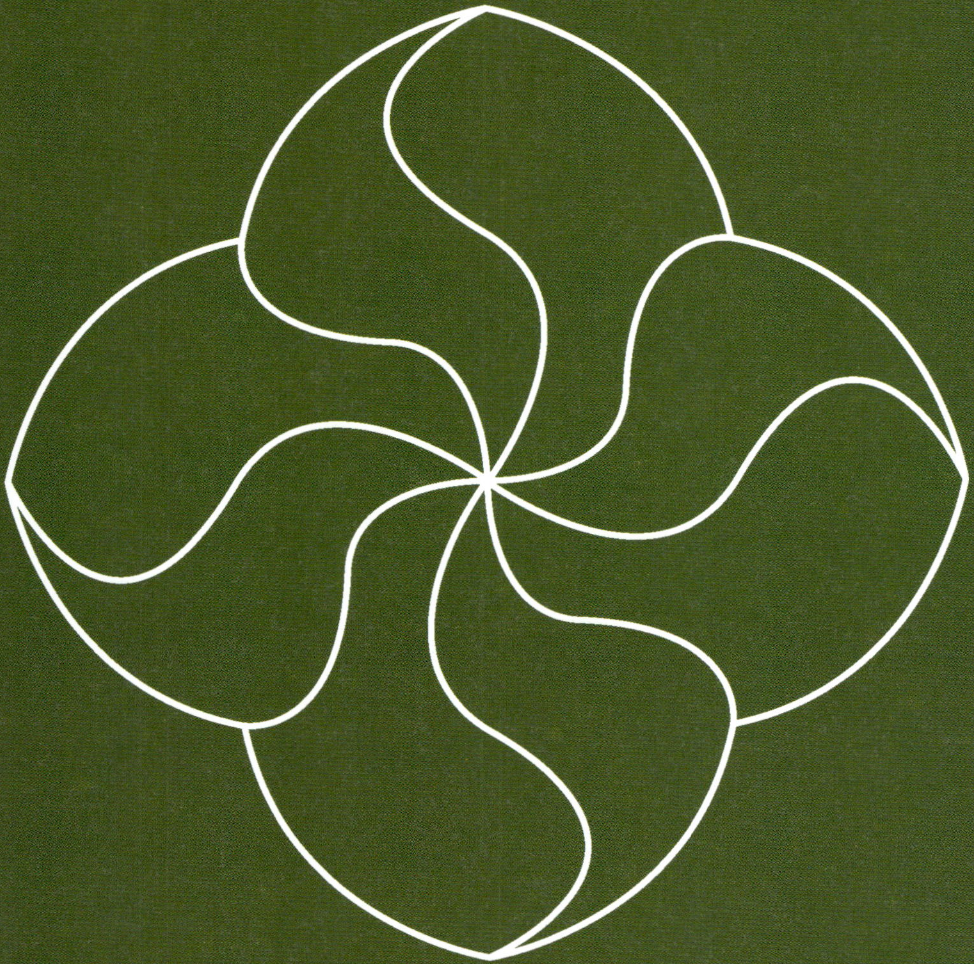

Hingabe ist nicht Aufgabe,
Aufgabe im Sinne des Schlafes.
Sie ist das Aufgeben der Ablenkungen.
Die Hingabe an das Licht ist Erfüllung Deiner Sehnsucht.

Spüre es,
es ist wahr.
Es erfüllt Dich,
lässt Dich leben,
schenkt Dir Freude;
Freude, die Du bist!
Es ist in Dir.
Sei!

Du bist das Ziel.
Tausend Ziele.
Erfülle sie – erlebe sie – feiere sie.
Jedes Ziel, das Dich erfüllt, ist wert, es zu leben.
Es sind die Träume der Welt, die Wirklichkeit werden.

Unzählige Samen liegen in den Kammern der Welten,
im Verborgenen leuchtend.
Träumend vom Menschen, der sie erblickt und erfüllt.
Alles ist Traum.
Alles ist Traum, wartend auf Erfüllung.

Du entscheidest, welche Träume sich erfüllen.
Wähle weise –
spüre das Licht, die Liebe, die Sehnsucht,
die von den Träumen ausgeht.
Du bist ihr Träumer.
Erwache!

Werde Dir bewusst: alles was Du erlebst ist Dein Traum.
Du wählst den Traum, den Du erfüllst.
Ist er Deine wahre Sehnsucht?
Wahrheit heißt leuchten.

Leuchtest Du? Betrachte Dich.
Ich bin Dein Spiegel: Freude, Liebe, Wahrhaftigkeit.
Siehst Du mich?
Ich bin immer da.
Ein Wegweiser zu den Träumen des erfüllten Lebens.
Frage mich, in welchen Träumen ich wohne.
Ich weiß es, bin die Essenz.

Der kollektive Traum ist ein Traum von Einzelnen.
Seine Stärke ist Zerstreuung,
die Kraft des als Zweifel getarnten Vertrauens;
Vertrauens in den Untergang.

Ein starker Traum!
Lust wohnt in ihm, Überheblichkeit und Abkehr.
Abkehr von sich selbst.

Keine Verurteilung kennt Dein Traum der Schöpfung,
jeder ist Gedanke Gottes.
Dein Gedanke!
Willst Du diesen Traum?
Es ist Deine Wahl.
Erfüllung steht bereit überall.

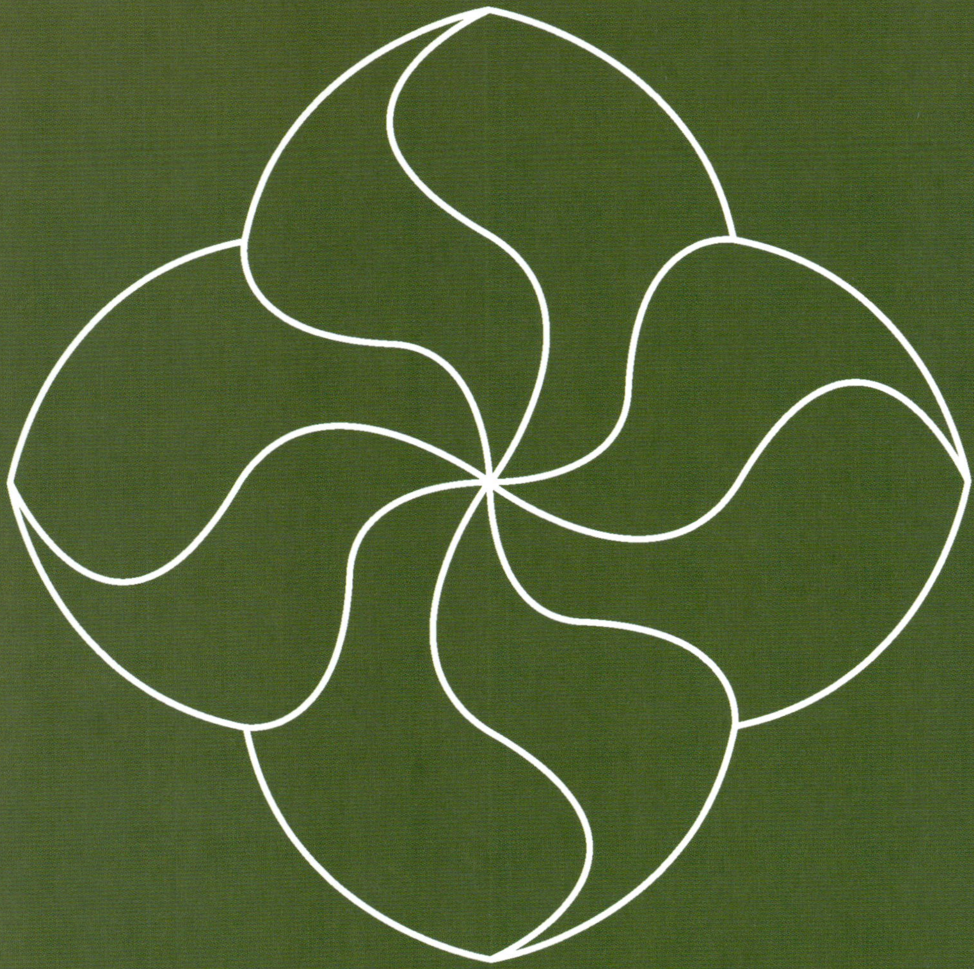

Vernichte!
Vernichte ganz!
Warum nicht?
Erschrickst Du bei dem Gedanken: Vernichte alles!
Warum?

Es ist ein großer Traum.
Zu groß vielleicht, um ihn zu verstehen.
Wende Dich ihm zu,
dem Traum der vollkommenen Zerstörung.
Viele leben ihn.
Auch Du?
Erkenntnis ist Heilung.
Wenn Du ihn nicht willst, ergreife einen anderen.
Wähle!
Wähle und lebe.
Lebe ihn ganz.

Zerstreuung ist Vernichtung – auf eine andere Art:
Nicht einend.
Ein klarer Unterschied besteht
zwischen dem Traum der Vernichtung
und dem Wirken der Zerstreuung:
Erfüllung hier, Krankheit dort.
Spüre es!
Sammle Wissen und geh!

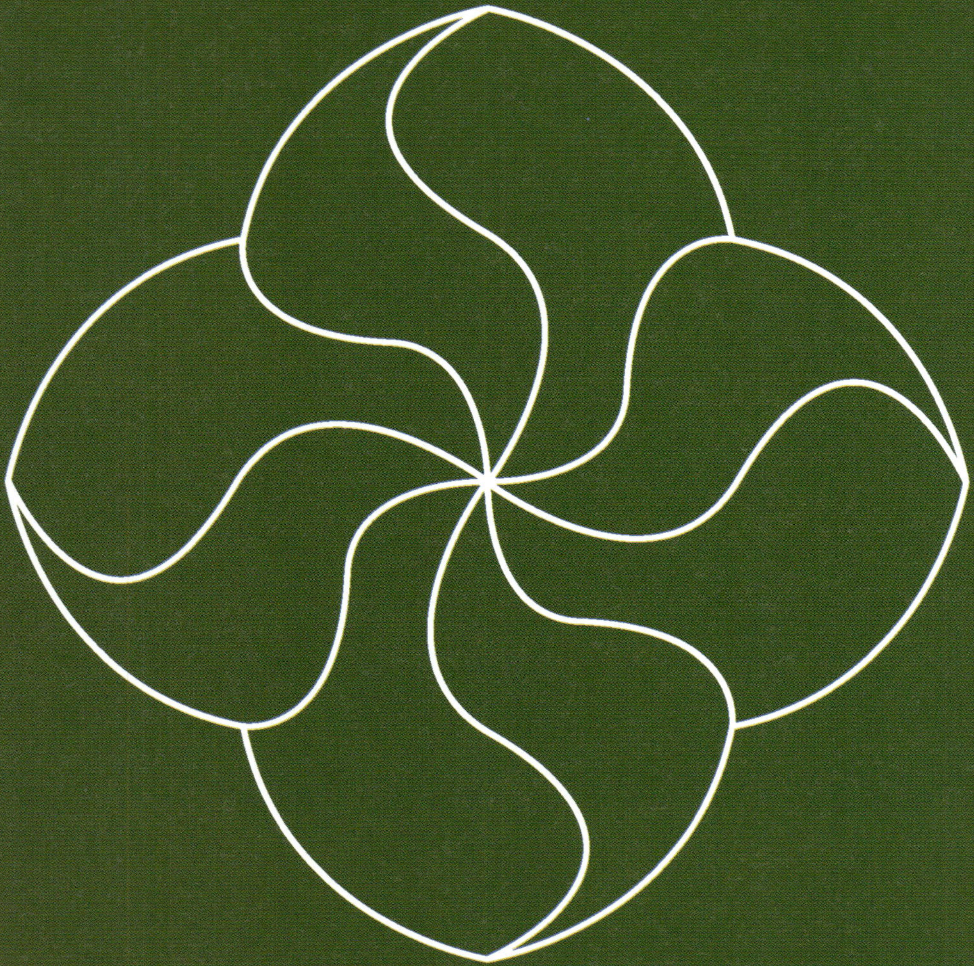

Geh den Weg Deines Herzens, das den Traum kennt.
Folge ihm ganz.
Alles ist Teil dieses Traumes.
Erfülle ihn! Erfülle Dich!
Du bist der Traum, der Wirklichkeit werden will.
Tausend Wirklichkeiten!
Ewiglich.
Dein Spiegel.

STILLE

Stille ist der Grund.
Einzig Stille ist.
Gewaltig bebt die Stille im Zentrum der Welt;
bringt alles zum Einsturz,
was verhärtet, leblos und krank.

Die Stille gleicht einer Flut,
die hinwegspült allen Ballast und Unrat;
sich speisend aus dem Grund
und schaffend die Ordnung des Lebens.

Hinterlasse keine Spuren!
Wie Stille keine Spuren hinterlässt.
Alles was ist, ist entstanden aus der Stille –
Die Stille ist die Schöpfung im Moment,
deshalb hinterlässt sie keine Spuren.

Ihre Gewalt ist Erschaffen und Zerstörung zugleich:
Alles was ist, hat keinen Bestand –
trotzdem besteht es fort, da es jeden Augenblick neu ist.

Erkenne diese Wahrheit.
Sie ist Heilung, Klärung und Chance.
Chance zum Neubeginn, Jetzt.
Ergreife die Chance.
Stille ist.

Die ganze Welt erbebt in dem Moment,
in dem die Stille aus Dir hervorbricht –
zerstört den Schein der Dinge
und zeigt das Wesen in allem:
Tor zum wahren Leben.

Das Geringste ist das Machtvollste.
Wer gering ist, ist machtvoll.
Erkenntnis dessen bringt Verantwortung und Größe.
Es scheint Euch widersprüchlich:
Stille als Macht zur Erschütterung der Welt.
Versucht es!

Nehmt die Gelegenheit wahr in einem Moment;
erschüttert sie durch tiefe Stille
und beobachtet sorgfältig was geschieht:
Wie Mauern einstürzen,
Masken zerbröckeln
und Lüge hässlich sichtbar wird.

Stille wirkt Wahrheit.
Nichts kann bestehen,
was nicht wahr ist im Spiegel der Stille.

Stille ist das Quellen des Lebens aus dem Urgrund;
Stille heißt, dieser Urgrund zu sein und
Leben ungehemmt fließen zu lassen.
Stille ist eine Verfassung des Daseins als Quelle:
tief verborgen und doch offensichtlich.
Versuche es!
Sie ist immer da.

»Wie finde ich die Stille?«
Du kannst sie nicht finden.
Du bist sie im Innersten.
Werde Zeuge dessen was ist und
überzeuge dich, dass Du es bist, der ist.

Die Stille zu finden heißt,
tiefste Erschütterung zu erfahren dessen,
was nicht wahr ist.
Und dies tut weh –
Und gleichzeitig zu wissen, dass dies wahr ist:
Dies gibt Dir Halt und Sicherheit.
Eine andere Sicherheit, als sie Dir vertraut erscheint:
Sicherheit des Lebens selbst.

Dir mag dies als die größte Unsicherheit erscheinen!
Schau, hier beginnt die Erschütterung:
Sie geht tief ins Mark.
Nur dann ist sie wahr, wenn sie tief geht.

Jede Erschütterung, die wohl tut im Moment des Geschehens:
Prüfe sie.
Ist sie wahr oder ein weiterer Schritt in den Wirren der Wege?
Echte Erschütterung ist schmerzvoll.

Miss sie daran und wisse:
Jeder echte Schmerz der Erschütterung
durch die Wahrheit ist kosmisches Glück,
erzeugt ein Weinen der Welten und Freude der Befreiung.

Koste die Momente, sie sind ein Segen.
Der Schmerz ist das Gefühl,
das den Kräften des Lebens erlaubt,
einzuziehen in das erschütterte Gebäude.

Sei der Schmerz, und öffne Dich dem Leben.
Leben ist immer ganz.
Leben ist lebendig.

Dort, wo Leben wieder einzieht,
wird Starres weich.
Wo echter Schmerz ist, ist tiefe Freude.
Beides ist wahr, nimm es wahr.
Wir sind mit Euch.

VERGANGENHEIT

Was ist Vergangenheit?
Geronnenes Jetzt.
Es gibt kein Zurückblicken –
nur Einblick.
Einblick in das, was ist.

Die Formen und Strukturen
sind die Wirkungen dessen,
was wir Vergangenheit nennen.
Vergangen ist nichts!
Es ist da.
Um uns.
In uns.

Lebt es oder ist es tot?
Einerlei! Es wirkt:
Es kann heilsam wirken, lebendig –
Oder erstarrend, tötend.

Dies zu unterscheiden ist Weisheit:
Was wirkt als geronnenes Jetzt unterstützend, lebenspendend,
trägt uns in eine heile Zukunft,
im Zusammenspiel mit unserem wahren Leben:
dem Augenblick.
Was tötet die Lebendigkeit
und beschränkt unser Gefühl der Freiheit-
der Freiheit, die ewig existiert: im Augenblick.

Befreiung ist niemals Abschneiden
oder der Versuch der Trennung von dem, woher wir kommen,
was wir geworden sind im ewigen Strom des Augenblicks.
Jetzt ist der Zeitpunkt.

Leben heißt lieben,
heißt das zu lieben, was ich bin in diesem Augenblick.
Die Liebe blickt auf alle Formen und Strukturen
und findet die Punkte der Erstarrung:
Schmerz.

Schmerz muss da sein –
gespürt werden im Augenblick der Hinwendung an das Erstarrte.
Der Schmerz ist der Träger der Information,
die das gewaltige Leben an dieser Stelle hat erstarren lassen.
Dieser Schmerz berührt alle Welten.
So berühre auch Du den Schmerz –
gewahr der Unterstützung aller Welten zur Lösung –
zur Auflösung.

Leben will fließen.
Berühre den Schmerz, und erkenne das Leid
als das Leid allen Lebens.

Du bist nicht allein.
Schmerz ist universell.
Er ist die Institution des Weltengeistes,
die verhindert, dass Leben stirbt.

Schmerz ist der Motor des wahren Lebens:
der Entfaltung der einzelnen Seelen
auf dem Weg ihrer Erfüllung,
der Verkörperung des Lebendigen
in der Größe der Schöpfung:
Ewigkeit – Unendlichkeit.

Ohne Schmerz könnten die starren Stellen wachsen,
wachsen ohne Widerstand.
Schmerz ist Erinnerung an das Ziel:
Vollkommene Lebendigkeit.

Deshalb ist am Grund jeden Schmerzes Freude,
wie der Schatz auf dem Grund eines tiefen Sees.
Übereile nicht den Weg zum Grund des Schmerzes,
darin liegt Gefahr für neue Wunden, neuen Schmerz.

Vertraue auf das Leben und seine Lebendigkeit,
es führt Dich zum Grund, zur Freude.
Sei wahrhaftig:
in der Freude –
im Schmerz –
und das Leben ist mit Dir.

QUELLE

Ich spreche aus der Ewigkeit.
Meine Sprache ist die Liebe.
Worte sind ein Kleid,
genäht aus den Stoffen der Schöpfung.
Wägt die Worte.
Worte sind.

Ein Stern bin ich.
Glühend hell und licht –
ein Wesen wie ein Engel, Ewigkeit atmend.
Grenzenlos wirkend.
Geboren im Kleid dieser Quelle.
Formulierend in Worten derer, die mich hören.

Wir sind eine Familie.
Zu sprechen über uns als Einheit,
bin ich nicht befugt.
Ein anderer wird es tun,
ein andermal.

Zu heilen ist nicht unsere Aufgabe.
Weil wir heil sind, heilen wir die,
die sich uns anvertrauen.
Wie der Klang nicht die Aufgabe hat,
gehört zu werden, wenn er klingt –
doch wer in seine Nähe kommt, hört.

»Was ist heil sein?«
Verbunden in der Mitte mit Deiner Quelle,
aus ihr schöpfend,
ihr Wasser vergießen zu lassen,
absichtslos und frei.
Zu sein, was Du bist.

Seine Quelle kennen.
Nicht wie ein Fremder
eine Bekanntschaft macht;
sondern durch Sinken, Loslassen.

Loslassen all dessen, was Dich ablenkt,
abhält, Dich ganz fallen zu lassen
in den Grund Deiner Quelle,
die selbst sich erschafft.

Sie sprudelt, weil sie ist.
Ohne sie kein Leben;
wie sehr Ihr Menschen Euch dies wünscht:
Sein zu können, ohne Quelle.
Kein Wasser fließt,
kein Leben ist,
ohne Quelle.

Jede Quelle ist rein.
Alles hat eine Quelle –
ohne Grund ist nichts.

Das Wasser unzähliger Quellen
vermischt sich und bildet einen Regenbogen –
den Regenbogen des Lebens.

»Ich will nach der Quelle fragen.«
Frag nicht nach der Quelle.
Wie ein Auge sich nicht selbst betrachten kann –
nur sein eigenes Abbild erblickt es im Spiegel,
nicht das Sehende selbst –,
so kannst Du nicht nach der Quelle fragen.

Sie ist.
Sei Du, so bist Du Quelle.
Sprechen schafft hier Verwirrung.

Aus unzähligen Quellen sprudelt reines Leben.
Je mehr Wasser sich vermischen,
desto reicher wird das Leben.

Leben liebt Vielgestaltigkeit.
Unzählige Formen schaffend,
tanzend, zerstörend, liebend, vernichtend, ekstatisch, ruhig, wild;
alles ist Leben.
Alles will Leben sein.

Heil sein bedeutet zu sprudeln,
sich zu vereinen mit den Wassern,
deren Wege du kreuzt;
zu kosten den Moment der Verschmelzung,
zu sein, was Du bist im Anderen.
Tod heißt, Trennung zu wollen-
Kontrolle zu erstreben.

SEELENTOR

Schau hin, es ist soweit.
Es öffnen sich die Tore des Einen.
Ein Tor für jede Seele: das Seelentor.
Es ist in Euch, findet es, liebt es, öffnet es.

Seht, es ist offen!
Offen für die Liebe der Welt.
Durch es will strömen die Liebe, das Licht und die Einsicht.
Ihr seid Eins.

Das göttliche Licht entflammt,
scheint durch die geöffneten Tore der Seelen.
Wärmt Euch an diesem Feuer –
Wärmt Euch gegenseitig,
wenn Ihr findet das Tor des Gegenübers offen
für die Flammen des Herzens.

Schafft Wärme in der Welt;
Lasst Wärme ausstrahlen;
Sie ist Heilung aller Kälte.
Wärmt!
Wärmt Euch selbst und Andere.

Die Energiekrise ist eine Krise der inneren Wärme.
Ein Abbild der Kälte, die Euch umgibt.
Schmelzt die trennende Kälte durch Worte, Taten und Gedanken.
Entzündet Eure Worte, Taten und Gedanken am Feuer Eurer Seele.

Das Tor steht offen.
Verschlossen nur das Empfinden.
Wärmt Euer Herz an der Wärme des Lichtes.
Licht ist Wärme.
Die Wärme öffnet Euch, die Wärme nährt Euch;
sie brennt in Euch.
Lasst es zu!

Zuerst für Euch selbst:
Wärmt Euch, labt Euch, jede Zelle.
Spürt die Wärme Eurer Umgebung.
Richtet sie so ein, dass sie Wärme spendet.
Sucht die Orte, an denen die Flamme brennt,
und schürt das Feuer dieser Orte.
Sie spenden Euch, den Tieren, den Pflanzen, allen Wesen
die Wärme des Einen.

Die Pole schmelzen –
was in der Polarität geronnen war,
erwärmt sich und fließt zusammen –
verschmilzt.

Die Wärme, die Euch von außen geschenkt wird, nimmt zu.
Wärme von innen ist nötig für ein neues Gleichgewicht.
Für die Ausgeglichenheit von Innen und Außen.

Sonnt Ihr Euch lediglich am Feuer von außen,
das stetig zunimmt,
verbrennt Ihr.

Öffnet Euch für die heiligen Flammen in Euch,
lasst Euch entzünden und erleuchtet die Welt,
die Euch erleuchtet entgegentritt.

Einheit ist Ziel.
Leuchtende Einheit
im Antlitz erwachter Welten, Seelen und Götter.

Weit umspannt der Raum alle Wesen,
wartend auf das Licht, geboren in jedem –
sich ausbreitend und erleuchtend die Unendlichkeit des Seins.

Licht ist Unendlichkeit.
Geboren aus dem Nichts.
Strahlend in die Ewigkeit
erfüllt es sich selbst in jedem von Euch.
Liebet Euch –
Wir lieben Euch.

MIT DEM HERZEN SEHEN

Die Zeit der geschlossenen Augen ist vergangen.
Öffnet Eure Augen und seht.
Seht die Welt, wie sie wirklich ist:
Schrecken und Paradies zugleich.

Befähigt Eure Augen zu sehen.
Verbindet das Sehen mit Eurem Herzen,
mit dem Gefühl, des Verbunden-Seins.

Wenn Ihr so nach außen blickt,
seht Ihr das Innen – das Innen der Welt.
Und Ihr seid mittendrin.
Welteninnenraum.
Jetzt-ewiglich.

Kostet die Momente dieses Sehens.
Sie sind Träger einer neuen Kultur.
Radikal ist die Kraft der Veränderung,
die in diesem Sehen verborgen liegt.
Öffnet Euer Herz – aber nicht blind,
sondern sehend.

Die Augen zu schließen,
um nach innen zu sehen, ist gut.
Die Augen zu öffnen,
um nach innen zu sehen, ist Erlösung.

Erlösung der Welt, die Ihr mitgeschaffen habt:
eine Welt reiner Erscheinungen.
Großes Leid verursacht dieses Sehen der Welt:
Beschränkt auf einen Teil unseres Seins,
müssen alle Dinge erstarren –
erstarren in der Erscheinung des Materiellen.

Materie ist wunderbar.
Wir singen ein Lied auf das Erscheinen
unserer Welten in der Materie.
Wir lieben die Materie.
Wir sind Materie.
Materie ist ein göttliches Spiel –
in Vollendung.

Schwach und beengend wird sie nur,
wenn sie erstarrt,
und das tut sie durch Eure Anschauung
und das Festhalten an ihr.
Lasst sie gehen!

Lasst Euch fallen in den ewigen Wandel,
in das ewige Spiel.
Nur dort ist wahre Freude und Erfüllung.
Spürt es – es ist wahr.

Erfüllung liegt im Sterben,
im Tod der Vorstellungen von einer festen Welt.
Nur dort ist sie zu finden.
Sucht sie – sie ist da.
Ewiglich.

Sucht mit offenen Augen und erlöst.
Erlöst uns; erlöst Euch.
Wir sind Eins.
In Beschränkung und in der Freiheit.
Eins.
Vergesst dies nicht.

Wir lieben Euch,
denn lieben heißt sehen, was ist.
Und wer wahrhaftig sieht, der liebt.
Deshalb verbindet Euer Sehen mit dem Herzen.

Lasst aufsteigen die Freude am Sehen der Welt –
Und den Schmerz.
Auch ihn beachtet.
Beides sind Tore ins Paradies:
Das, was schon ist, und das, was noch Paradies werden will.

Es liegt an Euch, diese Tore zu öffnen.
Damit erscheint, was ewig war:
Leben.

AUSKLANG

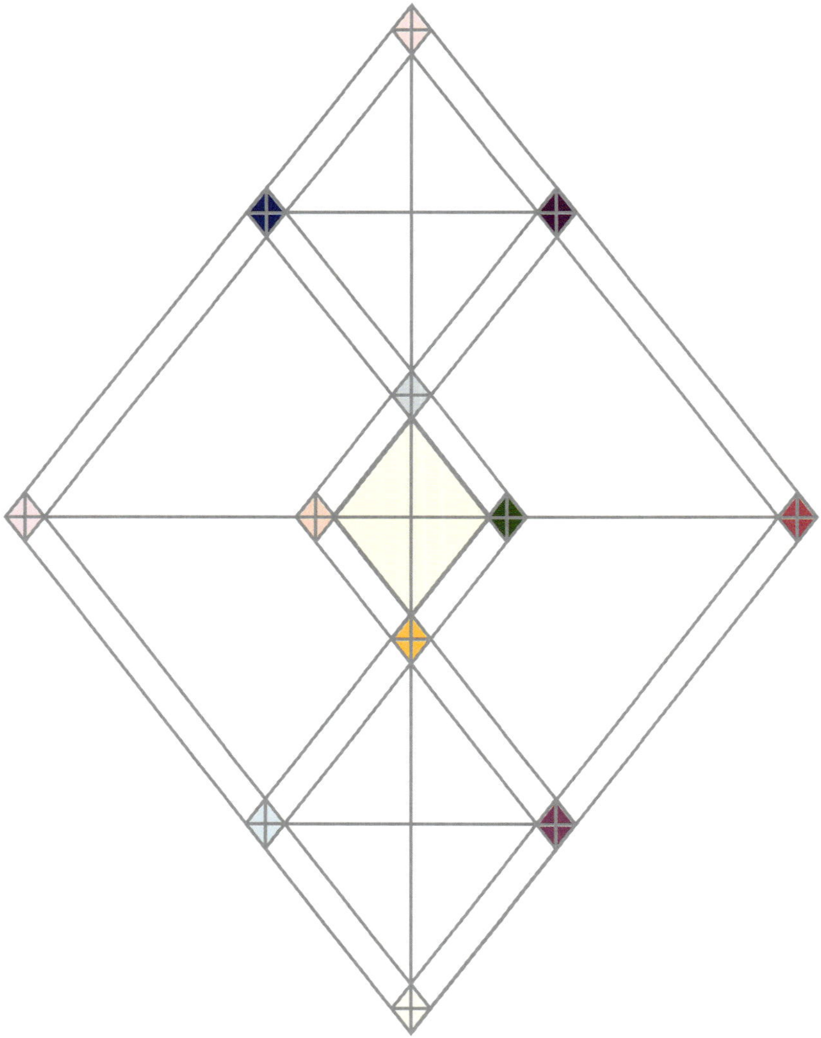

DER HERZKRISTALL

Der Ort, an dem ich die Texte für dieses Buch geschrieben habe, ist für mich ein Heiligtum der Natur. Unscheinbar hinter Ruinen gelegen, bildet er im lichten Wald die Form einer kleinen Apsis, ein Halbrund aus Bäumen. Der Boden ist bedeckt mit Moos, eingerahmt von einer niedrigen Steinmauer, und an seinem Ende ragt eine alte Wurzel empor wie ein Altar der Natur.

Den Kristallkörper, den ich in meiner Vision über dem Wasserfallbecken schweben sah, habe ich auf der gegenüberliegenden Seite dargestellt.

Die Texte stehen genau an der Stelle im Aufbau zueinander, an der ich auf meiner Reise innerhalb des Kristalls dem jeweiligen Aspekt begegnet bin.

So bilden die Texte in ihrer Abfolge die Kristallstruktur nach, wobei der siebte Text »Beziehung« das Zentrum der insgesamt dreizehn Texte bildet. Um die Mitte herum sind die anderen Texte so positioniert, wie es in der Zeichnung anhand der Farbzuordnung abzulesen ist. Die Farben entsprechen denjenigen, von denen die Texte begleitet werden.

Nicht nur die Anordnung von der Mitte aus, sondern auch die lineare Abfolge der Texte folgt einem bestimmten Weg, um durch das Lesen in der Reihenfolge ihrer Erscheinung das Eintauchen in die spirituelle Dimension des Buches und damit des Ortes zu unterstützen: Zu Beginn steht der »Hüter« und bewacht den Eingang in das Innere, den Ausgang markiert der Text »Mit dem Herzen sehen«, der zeigt, welche wesentliche Eigenschaft es zu erlangen gilt, wenn die inneren Dimensionen durchlaufen sind und wir wieder in die Realität des Alltags zurückkehren.

DER QUELLPARK

Erst wenn man sich die Zeit vergegenwärtigt, in der dieser Ort sowohl von Menschen als auch von Naturwesen, Engeln und Seelen geheiligt wurde, wird das Maß der Entstellung, wie es sich heute zeigt, offenbar. Zu glauben, die Heilkraft des Wassers zu kennen und nutzen zu können, weil man es in Rohre verpackt und chemisch und physikalisch analysiert, zeugt von menschlicher Hybris.

Die Ehrfurcht und Reinheit, mit der Priesterinnen und Priester die wahren Kräfte dieses Naturheiligtums erkannten, öffnete die Möglichkeit, dieses Wasser für Heilungen anzuwenden. Zu einem Teil gründen die Heilwirkungen von heute in den Taten jener längst vergangenen Zeiten.

Wenn wir uns ein Paradies vorstellen, dessen Betreten nicht ein bequemes Gefühl von »Ich muss mich um nichts mehr kümmern …« auslöst, sondern von tiefer Ehrfurcht und Wachheit, dann kommen wir dem nahe, wie Menschen sich diesem einst in natürlicher Schönheit erstrahlenden Ort näherten.

Auch wenn heute die äußeren Umstände im Vergleich dazu, was diese paradiesische Umgebung einmal war, völlig unangemessen erscheinen, so kann doch die Seele jenes Land noch betreten, wenn sie sich in die richtige Stimmung und Ehrfurcht begibt.

Einiges am Ort gibt auf diese heilige innere Verfassung Antwort, und so öffnen sich trotz der heutigen Hürden Türen und Wege, das äußerlich verlorene Paradies zu betreten und seine wundervollen Wirkungen zu erfahren. Die Vision des inneren Paradieses, das hier lebt, kann Anstoß sein, heute im Außen wieder ein Entsprechendes zu gestalten.

Die Zeichnung zeigt die Wasserfallnymphe, wie sie mir am Ort erschienen ist.

IM HERZEN EUROPAS

Im Lauf meiner Annäherung an die seelisch-geistige Dimension des Gasteinertals wiederholte sich die Intuition, dass dieser Ort und insbesondere das Quellheiligtum eine wesentliche Rolle im Herzorgan von Europa spielen.

So wie jeder Mensch und jedes Lebewesen ein Herz hat, haben Landschaften entsprechende Organe, welche die Qualitäten und Funktionen des Herzens verwirklichen. Das Herz ist ein Organ der Vermittlung und der Liebe. Es gleicht die Polaritäten aus, wie z.B. Oben – Unten, Hinten – Vorne, Innen – Außen, und es segnet die polaren Kräfte mit der Qualität der Liebe.

Die Region um Salzburg, in der das Gasteinertal eine wichtige Rolle spielt, bildet die Mitte zwischen zwei europäischen Polen, wie sie in der Skizze auf der gegenüberliegenden Seite dargestellt sind.

Der Herzschlag von Europa kann mit dieser Karte so verstanden werden, dass Europa im Osten Seelenkräfte einatmet und nach Westen hin ausatmet. Dabei laufen diese Kräfte durch das Nadelöhr »Salzburgerland«, in dem sie balanciert und von der göttlichen Liebe durchdrungen werden. Die beiden Kreise links und rechts sind demnach in ständiger Ausdehnung und Zusammenziehung begriffen. Die Mitte gleicht die Bewegungen aus und hält die Verbindung mit der Ewigkeit.

ÜBER DEN AUTOR

Peter Florian Frank, Jahrgang 1974, lebt in Weilheim in Oberbayern. Nach dem Abitur widmete er sich dem Studium und der Praxis spiritueller Traditionen, vor allem des Zen. Seine Berufung fand er im Arbeitsfeld der Geomantie: Nach der Ausbildung bei der »Schule für Geomantie Hagia Chora« machte er sich mit seinem Büro für Geomantie und Kunst »Neue Räume« selbständig.

Im Jahr 2001 realisierte Peter Frank sein erstes öffentliches geomantisches Kunstwerk, das Lithopunkturprojekt »Stadtskulptur Weilheim«, und veröffentlichte das Buch »Stadt, Land, Fluss – Der Geomantie einer Stadt auf der Spur«. Dafür erhielt er den Kulturpreis der Stadt Weilheim. Weitere Lithopunkturprojekte folgten, z. B. im Gasteinertal und in Hallein.

Peter Frank ist Mitinitiator der »Geopunktur«, die internationale Projekte durch moderne Steinkreise verbindet, sowie des Kulturprojekts »Wen(n) GAIA inspiriert«, das sich in seiner Heimat für ein tieferes Verständnis von Mensch und Erde engagiert. Er leitet heute die Ausbildung bei »Hagia Chora«.

»Dem Herzen der Erde mit dem eigenen Herzen lauschen« ist der Grundsatz, der Peter Florian Franks Arbeit durchdringt. Seinen Beruf bezeichnet er selbst als »Botschafter der Erde«.

Foto: Mona Müller-Kähler

Bisher von Peter Florian Frank veröffentlicht:

»Weilheim – Der Geomantie einer Stadt auf der Spur«
Edition Ecorna, Ottersberg 2001; ISBN 3-9806835-2-4

»Urbilder der Wandlung«
Die Johannesoffenbarung im neuen Licht
13 Kosmogrammpostkarten s/w

»Sprache des Herzens«
11 farbige Kosmogrammpostkarten mit verschiedenen Motiven unterschiedlicher Künstler und Werke, z. B. Steine, Kornkreise, Zeichnungen

Zu bestellen unter: *www.neueraeume.com.*

Weitere Entwicklungen und aktuelle Veranstaltungen zum Thema »Quellen heiliger Weisheit« finden Sie unter: *www.sacredsources.eu.*

Kontakt:

Neue Räume
Peter Florian Frank
Franziskusweg 37
82362 Weilheim
Deutschland
p.frank@neueraeume.com